考える絵本 9

落合恵子 文

愛

ワタナベケンイチ 絵

大月書店

愛ってなんだろう。
たぶん
あなたの わたしの
ここ こころのどこか深いところに
いる ような気がする。

見たことも　さわったこともないけれど
ほんとうは見ているし　さわっているのかもしれない。
ふわふわとやわらかい。そう　洗いたてのまだ新しいタオルのような
でも　ザラザラチクチクした　もっと痛いもののような気もする。

たしかにあなたは　あなたの犬を愛している……と思う。
落ちこんだとき　すっと寄ってきて　あなたに寄りそい
「ここに　いるよ」と　深い目で見上げてくれる愛犬を
あなたは　愛している……と思う。
いちばん気持ちいいのは　犬があなたの指示をよく聞くことだ。
おすわり！　待て！　お手！　伏せ！
でも　それが　愛？

愛犬の耳のうしろをかいてやりながら
あなたは想像する。
どこかの動物保護センター。
「処分」のときを待たされている　犬の目を。
抱きあげられ　ほおずりされた日は遠く
よろこびも希望も期待も表情も消した　犬の目。
世界のすべてに向けて　シャッターをおろしてしまったかのような
犬の目。
１日におよそ１０００頭の犬や猫のいのちが
なつかしいひとの足音やにおいを
待って待って待ちつづけながら　消されていく。
いつもより　もっと　ずっと　はるかに
いっしょに暮らしたひとのそばに　もっともいたいときに
「処分」される犬たち。

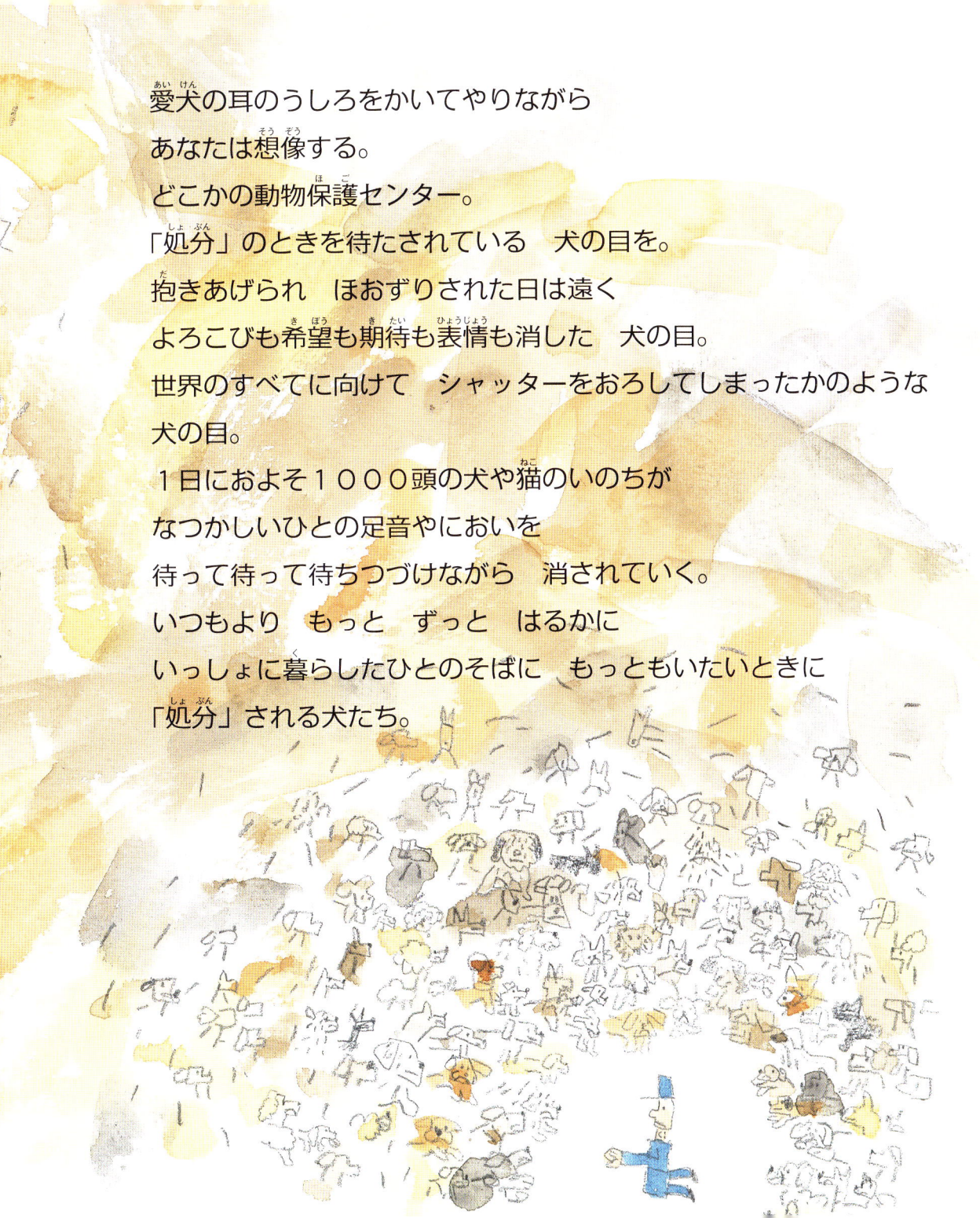

あなたは　母親を愛している……。
たぶん愛しているはずだ　と思う。
ちょっと　母のその愛がうるさいときもあるけれど。
あなたは　父親を愛している……。
たぶん愛しているはずだ　と思う。
ちょっと　うっとうしいときもあるけれど。
たまには　「消えちゃえ」　と思うときもあったりして
そう思う自分を
やだな　と　また思う自分が心のすみっこにいるのも確かだけど。
でもなぜ？　あなたは　母親と父親を愛しているのだろう。
愛しているはずだ　と思うのだろう。
親だから？　だから？
それでいいのだろうか　とふと思うあなたがいる。

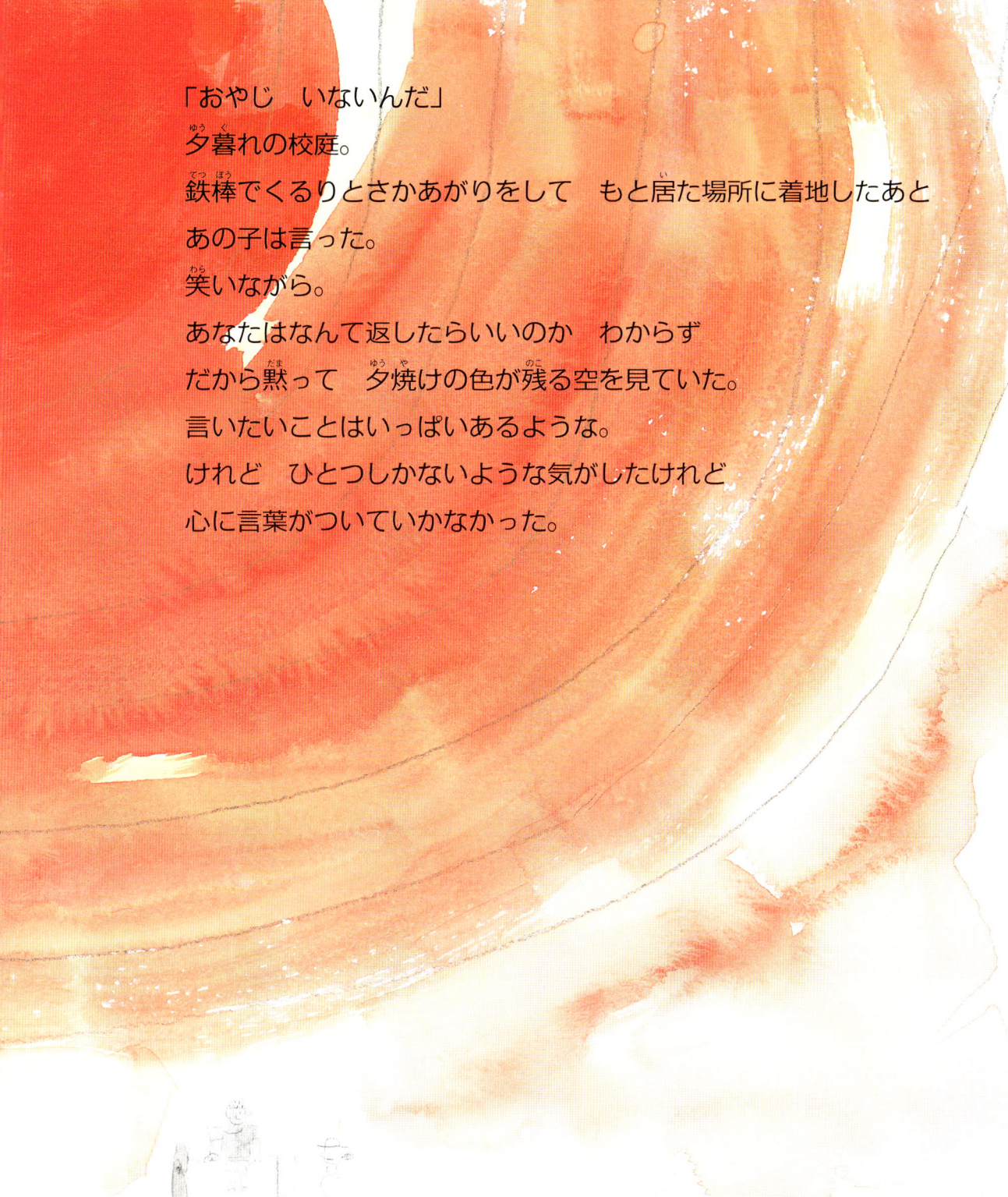

「おやじ　いないんだ」
夕暮れの校庭。
鉄棒でくるりとさかあがりをして　もと居た場所に着地したあと
あの子は言った。
笑いながら。
あなたはなんて返したらいいのか　わからず
だから黙って　夕焼けの色が残る空を見ていた。
言いたいことはいっぱいあるような。
けれど　ひとつしかないような気がしたけれど
心に言葉がついていかなかった。

あなたの妹は　保育所に通っている。
かわいい　と思うときもあるけれど
とってもうるさいとも思うときも
正直ある。
ベタベタした手で顔をなでられると　気持ちよくない。

いっしょに歩くと遅くて　いらいらするときもある。
いつでも　どこへでも　ついてこられると
「あっちに行け」と思うこともある。
笑っているときはいいのだけど　泣きだすととまらない妹に
舌うちしてしまいそうなときもある。

おばあちゃんとおじいちゃんが暮らす　いなかの家。
後ろに小さな山があり
松林の向こう　海が青い鏡のように光っている。
「ただいま」。
あの家の玄関を開けるとき　あなたはいつもそう言うのだ。
おばあちゃんとおじいちゃんは　決まって「おかえり」と言うから。

たっぷりのごちそう。たっぷりの自由時間。
あなたが　いまよりもっと小さかった頃
おばあちゃんは　なすやきゅうりやトマトの花を教えてくれた。
トマトは葉っぱまで　トマトのにおいがすることも。
おじいちゃんは釣りを教えてくれた。
釣った魚をもとの川にもどすこともあれば
庭に七輪をだして焼いてくれることもあった。
とびきり　うまかった。
あなたが帰る日が近くなると　「また　来ればいいさ」。
そう言いながら　少し淋しそうな顔をするふたりだった。
気づいていながら　なにも言えず
あなたはとうもろこし畑のほうを見ていた。
とうもろこしのヒゲが、金色に輝いていた午後。

それから半年。

おばあちゃんが　倒れた。
あなたのことがわからなくなった。
おばあちゃんはあなたを　「おとうさん」と呼ぶ。
それを聞いて　おかあさんは泣いた。
おばあちゃんは　オムツをしている。お尻が真ん丸くふくれている。
それを時どき自分で取ってしまう。
オムツからこぼれたもので　ベッドや廊下がよごれた。
それを拾う　おばあちゃんの手もよごれていた。
あなたは　きたないと思った。くさいと思った。いやだと思った。
ここから逃げだしたい　と思った。
そう思う自分がきらいだったけど　変わってしまったおばあちゃんに
どうすることもできない　あなたがいた。

台風が近づいた夕暮れ。

あなたは　バスに乗っていた。混んでいた。

立っているあなたの足を　誰かの傘から落ちた雨の滴が濡らしていた。

あなたは　いらいらしていた。足が濡れたことだけが理由じゃない。

クラスで　ちょっといやなこともあったのだ。

ほんとはとってもいやなことだったけど

しゃくだから　ちょっとした　と思おうとしていた。

だからあなたは　むしゃくしゃしていた。

乗客のおしゃべりも笑い声も。

白い杖をついたひとが　バスに乗ってきた。
バスに乗りこむまで　そのひとは長い時間がかかった。
通路でつまずきそうになった。手をかしたいと思ったが
ほかのひとのほうが早かった。そのことも　あなたをいらだたせた。
白い杖をついたひとは　降りるときも長い時間がかかった。
バスを降りたそのひとの　傾いた傘を見送りながら
あなたは一瞬　思った。
「こんな時間にバスに乗るなよ　こんな台風の日に外に出るなよ」。
そう思ってしまった自分に　よけい腹を立てる　あなたがいた。

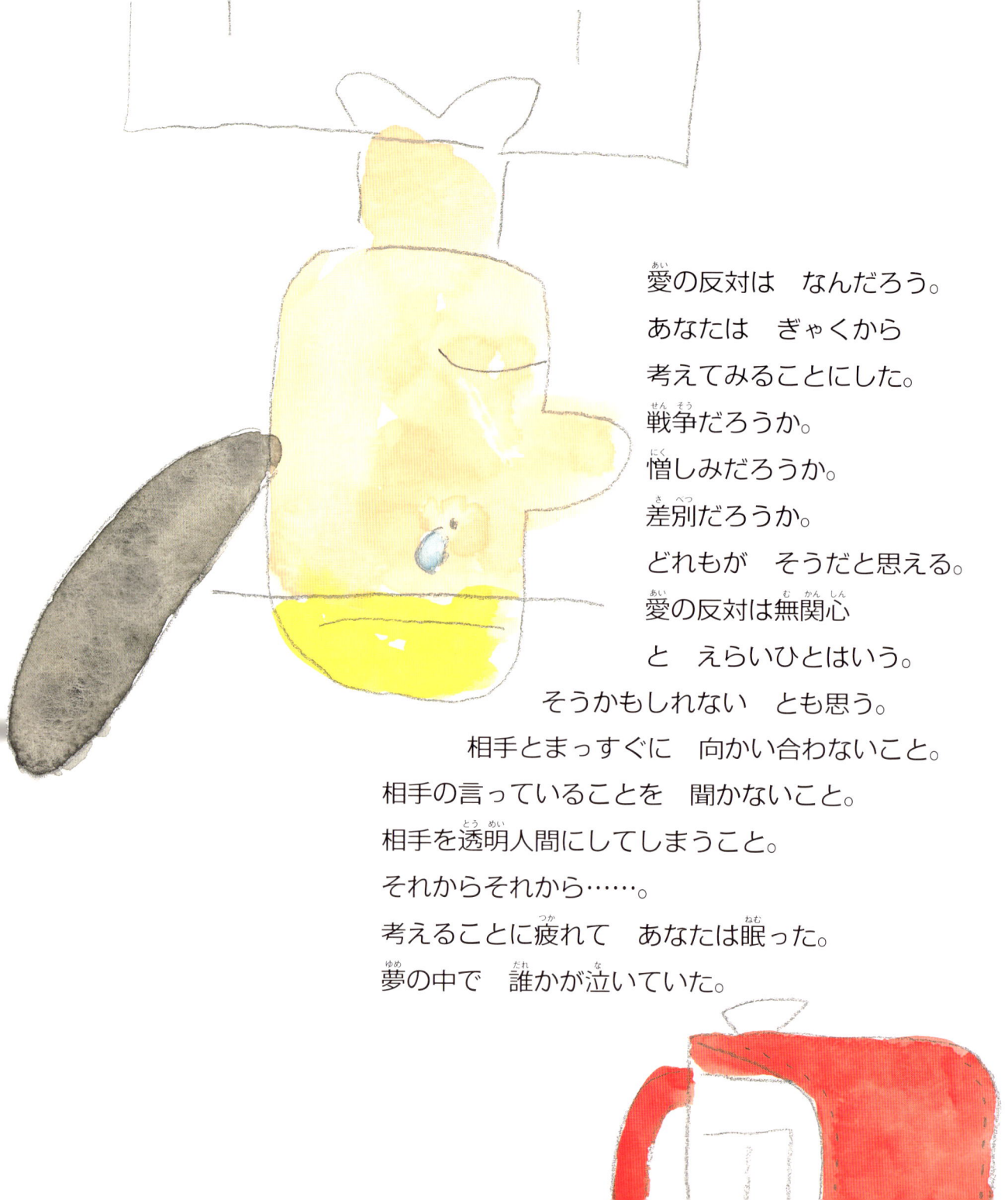

愛の反対は　なんだろう。
あなたは　ぎゃくから
考えてみることにした。
戦争だろうか。
憎しみだろうか。
差別だろうか。
どれもが　そうだと思える。
愛の反対は無関心
と　えらいひとはいう。
そうかもしれない　とも思う。
相手とまっすぐに　向かい合わないこと。
相手の言っていることを　聞かないこと。
相手を透明人間にしてしまうこと。
それからそれから……。
考えることに疲れて　あなたは眠った。
夢の中で　誰かが泣いていた。

あなたは
あの子を避けはじめていた。
鉄棒でさかあがりを決めたあと
「おやじ　いないんだ」
と言ったあの子を。
みんながあの子を避けていたから。
ただ　それだけの理由だった。
どっちかといえば　あなたはあの子が好きだった。
あの子はいろんな音楽を知っていた。
いろんな本も読んでいた。木の名前にも詳しかった。
それでもあなたは　みんなとちがうのが不安だった。
　　　　　　　だからあなたも　あの子を避けた。
　　　　　　　いつもいっしょに帰る道。
　　　　　　　あの子が　ひとりで帰っていく。

商店街をぬけて
あなたは走る。
夜おそいおつかい。
認めたくはないけれど
こわかった。
ポストのある角を
曲がろうとしたとき
角の向こうから
ひょいとあらわれた人影があった。
あなたは　ぎょっとした。
突然だったから　だけではなく
ものすごく大きな人だったから。
そのひとの肌の色は
角の向こうに広がる闇と同じようだった。
そのひとは　あなたには目を向けず行ってしまった。

アメリカ合衆国のバラク・オバマ大統領。
あなたは　すごいと思う。
演説集も読んでみた。
わからないところもあったけど　やっぱりすごい。
会ってみたいとも思う。
なのに　あの人影をこわいと思ったのはなぜなのだろう。
そのひとは　ただ歩いていただけなのに。

男のひとが　男のひとを愛する。

女のひとが　女のひとを愛する。

そういうのを同性愛　というのだと聞いた。

みんなは「気持ち悪りぃ」と言うけれど

ただただ数の問題なんじゃあないかと　あなたは考える。

どっちが多くて　どっちが少ないか　ってことだけ。

　　　　少ないから「気持ち悪ぃ」のか。

　　　　　　それって変だ　とあなたは思う。

　　　　　　ひとを好きになること　愛することは

　　　　　単純に素敵なことなのに。

　　　　そう言ったら

　　　　みんなに「気持ち悪りぃ」と言われそうで

　　　　あなたは黙っている。

同性を愛する男のひとは　時どきテレビでみる。
男のひとの服装をしているときもあれば
女のひとのような服を着て　お化粧をしているひともいる。
でも　同性を愛する女のひとをバラエテイ番組でみることはないのは
　　　　　　　　　　　　　　　　　　どうしてだろう。

自分は自分のことを愛しているのだろうか
と　あなたは考える。
好きなときも嫌いなときもある。その中間の　そんなことを考えないときが
いちばん多いような気がする。

どうすれば　自分のことをもっと愛せるようになるのだろう。
あなたは　考える。
自分にウソをつかないこと。自分にウソをついたことを
あなたは知っている。だから　自分。
自分を大事にすることと　自分のことだけを考えることとはちがう。
それもわかる。
でも　自分を大事にしようとすると
自分のことだけを考えてしまうようで
なんか　それもちがうと思う。

愛ってどこにある？
　たぶん　ここ
　こころのどこか
　　深いところに
　　いるような気がする。

愛ってどんなふうにして　ここに　いるのだろう？
立っているのか？　すわっているのか？　はらばいになっているのか？
それとも　膝をかかえているのか？
いばっているのか？　しずかにしているのか？

見たことも　　　　さわったこともないような。

見ているし　さわっているかもしれないような。

あなたの愛（あい）は　いまやわらかですか？　かたいですか？

わかることは　わからない　ということだけ。
愛は酸性か？　アルカリ性か？
リトマス試験紙で　はかることもできない。
算数みたいに　答えはひとつではないらしい。
漢字みたいに　書けて読めればいい　ということでもない。
暗記もできない。

この　答えのでないものと
あなたは　わたしは　たぶん
一生つきあっていくのです。
やっかいなことだね。
でも　すっごく気になるね。

ひとつだけ言えることは　あなたはあなたでいいのです。
あなたはあなただから　素敵(すてき)なのです。
あなたであることを大事にしてください。
たぶん　愛(あい)というものも
そこから　ちらり　と見えてくるのではないかと思うのです。

絵本をつくりながら考えたこと

　愛って何だろう。
　たぶん、この一冊の絵本を読み、味わっていただいた今も、これこそ愛という、ゆるぎない答えを、あなたは手にしていないかもしれません。
　これは考える絵本ですから、いいのです、答えを無理に出さなくても。
　文章を書いたわたしもまだ、あなたよりはるかに年上であり、体験だけは多いはずのわたしもまだ、愛とは「こういうもの」という、明確な答えを手にすることはできていないのですから。もともと、愛をことばにすること自体、無理なのかもしれない。そうとさえ思えます。
　愛。どこにもなさそうで、けれど、注意深く心の扉を全開すれば、どこかに、それも、とても身近にありそうな……。
　たぶん、と思います。ひとは、愛とは何かという、その答えのようなものを確認するために、答えそのものはでなくとも、人生という長い旅を続けていくのかもしれない、と。あなたも、そして、わたしも。
　３年前に、母を見送りました。大勢のひとたちとはまた違った人生を選びとった結果、たくさんの見えない荷物をその肩に背負った一生を送った母でした。
　彼女のいのちが消える直前、わたしは母のベッドに乗って、母を抱いて、その耳もとで聞きました。
「おかあさん、もしよかったら、もう一度、わたしを産んでくれる？」
　認知症もあり、言葉を発することもまれとなった母ではありますが、その瞬間、彼女はかすかに、けれど確かに、唇と頬に、そして最後は顔全体に、やわらかな微笑をひろげてくれました。
　もし、そう呼ぶことが許されるなら、あの瞬間、母は「愛」というものの答えをだしてくれていたのではないか……。そう考えます。彼女の人生についての答えもまた。
　愛って何？　あなたの人生に、この答えをだすことができるのは、あなたしかいません。そして、その「答えのようなもの」はたぶん、愛することの中に、ひそんでいるものではないか、と思えます。
　愛するひとであってください。あなたの人生を、そしてあなたを愛してくれるひとの人生そのものを。

落合恵子

● **文 落合恵子** おちあい・けいこ

1945年栃木県宇都宮市生まれ。アナウンサーを経て、作家生活に入る。東京・青山と大阪・江坂で、子どもの本の専門店［クレヨンハウス］と女性の本の専門店とオーガニックコスメの［ミズ・クレヨンハウス］、オーガニックレストラン、環境ホルモンフリーの玩具店等を主宰。著書に『母に歌う子守唄　わたしの介護日誌』『質問・老いることはいやですか？』（朝日新聞社）、『崖っぷちに立つあなたへ』（岩波書店）、『おとなの始末』（集英社）、『ハグくまさん』（クレヨンハウス）など多数。『月刊クーヨン』発行人。

● **絵 ワタナベケンイチ** わたなべ・けんいち

1976年東京生まれ。1998年HBファイルコンペ特別賞、1999年西瓜糖にて初個展「キスとビール」、2000年HBファイルコンペ藤枝リュウジ賞。雑誌『クウネル』『日経Kids+』『ダ・ヴィンチ』の仕事や、『超熟食パン』広告キャラクター、絵本なども手掛けている。絵本に『生きものいっぱいゆたかなちきゅう』（そうえんしゃ）。

シリーズ編集委員

野上 暁 のがみ・あきら

1943年生まれ。評論家、作家。白百合女子大児童文化学科講師、東京成徳大学子ども学部講師。児童文学学会、日本ペンクラブ会員。著書に『おもちゃと遊び』（現代書館）、『日本児童文学の現代へ』『〈子ども〉というリアル』（パロル舎）、『子ども学　その源流へ』（大月書店）など。

ひこ・田中 ひこ・たなか

1953年生まれ。児童文学作家。『お引越し』（ベネッセ／講談社文庫）で椋鳩十賞受賞、『ごめん』（偕成社）で産経児童出版文化賞受賞、後に映画化。他の著書に『カレンダー』（講談社文庫）、『大人のための児童文学講座』（徳間書店）など。サイト「児童文学書評」を主宰。http://www.hico.jp/

装丁・デザイン＝杉浦範茂

考える絵本●9　愛

2010年7月20日第1刷発行　2017年3月17日第2刷発行
定価はカバーに表示してあります

著者●落合恵子、ワタナベケンイチ
発行者●中川進
発行所●株式会社　大月書店
　　　〒113-0033　東京都文京区本郷2-11-9
　　　電話（代表）03-3813-4651　FAX 03-3813-4656
　　　振替 00130-7-16387
　　　http://www.otsukishoten.co.jp/

印刷●精興社
製本●ブロケード

©2010 Printed in Japan
本書の内容の一部あるいは全部を無断で複写複製（コピー）することは、法律で認められた場合を除き、著作者および出版社の権利の侵害となりますので、その場合にはあらかじめ小社あて許諾を求めてください。
ISBN978-4-272-40669-2 C8310